AF457825

La Nouvelle Annonciation

un appel universel

John Martin Sahajananda

~ traduit de l'anglais ~

LUC
EDITIONS

La Nouvelle Annonciation

un appel universel

ISBN: 979-10-91859-06-6

Traduit de l'anglais. Titre original:
THE NEW ANNUNCIATION - *universal call to be virgin mothers*
Éditeur original: Luc Editions, 2013

Luc Editions
place du Docteur Sustendal,
14 530 Luc sur Mer, FRANCE

LucEditions@mailoo.org

Couverture et mise en page: Agnès Kauffmann

Pour les autres publications de John Martin Sahajananda et aussi de Luc Editions, voir la fin de ce volume, ou bien, consulter notre site:

www.LucEditions.com

En paix.

À mes filleules

Maya Mock
Freja Mock, Agnes Sharp
Rose Sharp

~ ~

Table des matières

La Nouvelle Annonciation

Aujourd'hui la vie quotidienne est régie par la science, le sécularisme, le laïcisme, l'athéisme et le relativisme moral. Au moment où le christianisme perd ses repères, où les églises d'Europe se vident et où les fondamentalismes et la violence religieuse augmentent. Au moment où il y a conflit entre la science et la religion et où les gens quittent celle-ci pour la spiritualité. Au moment où le nombre des adeptes du mouvement «New Age» s'accroît : Dieu envoya l'ange Gabriel vers une jeune femme appelée Marie, qui vivait dans un village inconnu du nom de Sathya Guha, ce qui signifie la grotte de la Vérité.

L'ANGE

Je te salue Marie, pleine de grâce, le Seigneur est avec toi.

MARIE

Qui êtes-vous ? Que signifie cette salutation ?

L'ANGE

Marie, je suis l'Archange Gabriel qui se tient dans la présence de Dieu. Ne crains rien. Dieu m'a envoyé vers toi pour t'annoncer la Bonne Nouvelle, la Bonne Nouvelle destinée à l'humanité toute entière. Dieu t'a choisie pour donner naissance à l'enfant de Dieu.

MARIE

Ô mon Seigneur, je suis bien embarrassée. Que signifie donner naissance à l'enfant de Dieu ?

L'ANGE

Marie, l'humanité est divisée. Il y a tant de violences dans le monde au nom des religions, des nationalités et des groupes ethniques. Le quotidien est dicté par le sécularisme, l'athéisme et le relativisme. Les fidèles s'éloignent de la religion et en Europe les églises se vident. Les hommes sont devenus tellement individualistes et matérialistes ! De plus, le fondamentalisme religieux s'accroît. Aujourd'hui Dieu a besoin d'une vierge prête à coopérer selon Ses plans afin de donner naissance à l'enfant divin qui va abolir les murs de la division et créer un seul Dieu, une seule création et une seule humanité. Cet enfant va libérer les hommes et montrer le vrai sens de l'existence humaine. Il va apporter la guérison, l'unité et la paix dans le monde.

MARIE

Ô mon Seigneur, voulez-vous dire que Dieu a besoin d'une vierge au sens physique du terme ?

L'ANGE

Marie, il existe deux sortes de virginités : l'une physique et l'autre spirituelle. Dieu a besoin d'une vierge spirituelle et non d'une vierge physique.

MARIE

Ô mon Seigneur, pardonnez mon ignorance et ne vous fâchez pas si je pose des questions. Que signifie être une vierge spirituelle ?

L'ANGE

Marie, n'aie pas peur de poser des questions, au contraire. Une vierge spirituelle a le courage de transcender le Dieu de ses ancêtres, le Dieu du passé, pour enfanter le Dieu de l'éternité, « Je suis Celui qui suis ». L'enfant né de cette vierge ne sera pas nommé d'après le passé mais selon l'éternité. Cet enfant sera appelé fils ou fille de Dieu. Cette expression « fils ou fille de Dieu » est une métaphore.

MARIE

Ô mon Seigneur, pourquoi devrions-nous transcender le Dieu de nos ancêtres ? Notre Dieu ne nous a-t-il pas donné une direction, une lumière, une règle de vie, des notions d'appartenance et de sécurité ? Ne devrions-nous pas nous montrer loyaux et reconnaissants envers le Dieu de nos ancêtres et de notre tradition ?

L'ANGE

Marie, il est vrai que le Dieu de votre tradition vous donne une direction et un sentiment de sécurité et que vous devez vous montrer reconnaissants envers le Dieu de vos ancêtres mais limiter Dieu au Dieu de votre tradition divise l'humanité et assujettit la volonté et l'intellect des êtres humains. En ce sens, ceux-ci ne seront jamais vraiment libres et ne disposeront pas de libre-arbitre mais seulement d'une liberté conditionnelle. Quand ils sont en proie aux doutes, soit ils vivent dans un état de conflit intérieur permanent, soit ils se révoltent contre Dieu et crient que « Dieu est mort ».

MARIE

Ô mon Seigneur, il y a aujourd'hui des millions de gens dans le monde qui se déclarent laïques et athées, qui ne croient pas en Dieu et veulent vivre leur vie en dehors de toute religion et croyance. Ils sont allergiques à Dieu au point de ne pas vouloir entendre prononcer Son nom. Ils regardent de haut ceux qui ont la foi et s'occupent de religion. Certains sont même très agressifs et veulent éliminer Dieu de la sphère publique. D'autres désirent simplement vivre une spiritualité laïque sans Dieu ni religion. Il y a aussi les adeptes du New Age qui créent leur propre système de croyances que l'on qualifie de syncrétisme. Certains scientifiques vont jusqu'à nier l'existence de Dieu. Je me demande quel peut bien être leur statut. Sont-ils perdus ou ont-ils leur place dans le plan de Dieu ?

L'ANGE

Marie, le sécularisme et l'athéisme expriment le désir profond du cœur humain de se libérer du Dieu du passé et de l'autorité, pour découvrir le Dieu de l'éternité et de la liberté. En tentant de soumettre l'être humain à un Dieu d'autorité, la religion ferme la porte qui mène au Dieu de la liberté. Par le rejet du Dieu des religions, le sécularisme et l'athéisme libèrent les esprits. Ils déconditionnent le mental humain pour le transformer en esprits vierges. Mais avant cela, il y a une période de transition. Les religions, et avec elles leur Dieu, ont généré dans la conscience humaine beaucoup d'énergies refoulées, quand elles ne les ont pas éradiquées. Or ces énergies doivent être manifestées. L'individualisme et le matérialisme s'occupent de les manifester dans la vie quotidienne pour mieux les purifier. Alors le jour viendra où les hommes seront ouverts et prêts à écouter la voix de Dieu. Ils seront visités par un ange qui leur annoncera la Bonne Nouvelle voulant qu'ils soient choisis par Dieu pour enfanter le Dieu de la liberté et de l'éternité. Il y aura un éveil spirituel extraordinaire et Noël sera célébré dans la vie de chacun. Il ne s'agira plus d'une spiritualité fondée sur une religion, mais sur une vérité intérieure qui permettra à chacun de dire comme Jésus : « Je suis le chemin, la vérité et la vie ». Ce sera l'avènement de la Nouvelle Alliance que Dieu a promise et inaugurée par Jésus-Christ il y a deux mille ans. Marie, c'est vers cette Nouvelle Alliance que l'humanité évolue. Le sécularisme et l'athéisme préparent l'humanité à cette vie nouvelle. Le New Age appartient aussi à ce processus évolutif de la conscience humaine et trouvera également son accomplissement dans la Nouvelle Alliance. La science découvrira ses limites et finira par acheminer l'humanité vers Dieu.

MARIE

Ô mon Seigneur, est-ce que vous voulez dire qu'il existe deux Dieux, le Dieu de l'histoire et le Dieu de l'éternité ?

L'ANGE

Non Marie, il n'y a pas deux Dieux mais un seul et unique Dieu. Et ce Dieu est comme l'espace infini. D'une certaine manière, le Dieu de l'histoire est la projection de l'esprit humain, comme lorsque les hommes construisent des maisons selon le besoin et le développement de la population à un moment donné. Le Dieu infini, quant à Lui, permet aux êtres humains de construire ces maisons et leur en donne même l'inspiration. Ces habitations font office de matrice de Dieu, matrice dans laquelle Dieu conçoit les hommes, les protège, les nourrit et il leur donne naissance dans l'éternité lorsqu'ils sont prêts. La difficulté surgit dès que les hommes considèrent l'espace au sein de leur maison comme étant la vérité absolue, l'espace infini. Quand cela arrive, ils s'emprisonnent dans une vérité conditionnée et créent un monde caractérisé par des conflits et de la violence. Transcender le Dieu de l'histoire signifie sortir de l'espace cloisonné pour entrer dans la liberté de l'espace infini. Dieu invite l'humanité à grandir.

MARIE

Ô mon Seigneur, est-ce que cela signifie qu'il n'est pas nécessaire d'être fidèle envers le Dieu de nos ancêtres ?

L'ANGE

Marie, Dieu a destiné les êtres humains à évoluer spirituellement du Dieu de l'histoire vers le Dieu de l'éternité, du Dieu de l'autorité vers le Dieu de la liberté, du Dieu des mots vers le Dieu du silence. Dieu désire l'unité de l'humanité et la liberté des hommes. Une loyauté réduite aux concepts de Dieu selon une tradition spécifique empêche cette évolution spirituelle, divise les êtres humains et les réduit à un infantilisme spirituel. Cette loyauté obtuse est source continuelle de conflits et de violence dans le monde. Pour faciliter la croissance spirituelle des êtres humains vers la maturité, l'unité de l'humanité et la liberté de tous, il s'avère nécessaire de transcender le Dieu du passé et de l'autorité et d'enfanter le fils de Dieu, c'est-à-dire le Dieu de l'instant présent et de la liberté. C'est alors seulement que sera établie la paix dans le monde.

MARIE

Ô mon Seigneur, cet enfant sera-t-il un enfant charnel ou spirituel ?

L'ANGE

Marie, cet enfant sera à la fois charnel et spirituel.

MARIE

Ô mon Seigneur, qu'entendez-vous par « enfant charnel » ?

L'ANGE

Marie, si par exemple, à la naissance de leur enfant charnel, les parents biologiques se prosternent et disent : « Cet enfant n'est pas notre enfant mais l'enfant de Dieu, nous ne sommes que ses parents adoptifs », alors ces parents deviendront des parents vierges. La naissance de cet enfant sera considérée comme une naissance virginale et incarnera la célébration de Noël.

En réalité, tous les enfants sont des enfants de Dieu. Les parents humains ne sont que des parents adoptifs mais, par ignorance, ils s'approprient ce qui appartient à Dieu. Si les enfants sont éduqués selon une tradition ou une religion particulière, alors la graine de la discorde, du conflit et de la violence, sera introduite dans leur tendre esprit dès le plus jeune âge et il se créera ainsi un monde de conflits et de violence. Les êtres humains ne peuvent pas récolter les fruits de la paix et de l'unité quand ils sèment les graines de la division et de la violence. On récolte ce que l'on a semé. Si l'on désire la paix et l'unité, alors on doit semer des semences de paix et d'unité. En revanche, si les enfants sont éduqués comme des «enfants de Dieu», alors les parents sèment des graines de paix et d'unité et en récolteront les fruits. Il se formera une solidarité entre toutes les religions.

MARIE

Ô mon Seigneur, comment pouvons-nous élever les enfants comme des enfants de Dieu ?

C'est très simple, Marie. Les parents, biologiques ou religieux, doivent se rappeler que les enfants ne sont pas conçus pour assurer leur propre continuité mais bien pour Dieu, pour l'éternité elle-même. Il faudrait apprendre aux enfants qu'il n'y a qu'un seul Dieu, une seule création et une seule humanité ; que chaque homme est une manifestation unique de Dieu ; que les êtres humains sont créés pour manifester les attributs divins de l'amour et de la compassion dans leurs relations.

Marie, il faudrait aider les enfants à découvrir leur dignité humaine et à croître dans l'amour de Dieu et du prochain. Ces deux points fondamentaux devraient être à l'origine de toute éducation spirituelle. Les enfants devraient apprendre que Dieu est plus grand que les êtres humains et les religions ; que l'homme, créé en tant qu'image et à la ressemblance de Dieu, est plus grand que les religions et enfin que les religions sont destinées à être au service des êtres humains et non les êtres humains au service des religions.

Marie, si les enfants sont instruits seulement selon un savoir religieux, alors la religion occupera la première place, ensuite viendra Dieu tel que compris par cette religion et seulement pour finir les hommes qui doivent servir Dieu selon les instructions de cette religion. La discorde et la violence dans le monde naissent quand les êtres humains servent les religions. Marie, les religions devraient servir les êtres humains comme des parents adoptifs devraient servir les « enfants de Dieu ». Tu te souviens de ce que Jésus a dit : » Le sabbat est fait pour l'homme et non l'homme pour le sabbat ».

MARIE

Ô mon Seigneur, qu'entendez-vous par « enfant spirituel » ?

L'ANGE

Marie, enfanter spirituellement c'est donner naissance à la conscience universelle, donner naissance à l'image et à la ressemblance de Dieu. Cette conscience universelle abolit tous les clivages et crée un seul Dieu, une seule création et une seule humanité. Cette conscience est unie à l'humanité et à la création toute entière et vit pour le bien-être de l'humanité et de la création.

Elle vit dans l'unité, la liberté, la créativité, la paix et l'amour universel. Son identité est « Je suis ».

MARIE

Ô mon Seigneur, où aura lieu cette naissance ?

L'ANGE

Marie, cette naissance se réalise à l'intérieur de toi ; dans ton Soi véritable et dans le Soi véritable de chaque être humain. Elle se réalise dans la grotte de ton cœur. Donner naissance à la conscience universelle, c'est découvrir ton image et ta ressemblance à Dieu.

MARIE

Ô mon Seigneur, je ne me sens pas digne d'être la mère de cet enfant, de cette conscience universelle.

L'ANGE

Marie, ne te sens pas indigne de cet appel. Personne n'est indigne, au contraire. Dieu a créé chaque être humain à Son image et à Sa ressemblance. Cette image et cette ressemblance à Dieu constituent ton Soi véritable, éternellement vierge. Et cette virginité ne peut pas t'être enlevée même si tu as des enfants charnels et spirituels. C'est dans ce Soi vierge que tu donnes naissance à l'enfant de Dieu, à la conscience universelle et non pas dans ton corps physique ou ton soi psychologique. C'est ton identification au corps physique ou au soi psychologique qui crée le sentiment que tu n'es pas digne de cet appel.

MARIE

Ô mon Seigneur, qu'est-ce que je dois faire pour découvrir mon Soi vierge ?

L'ANGE

Pour cela tu dois renaître, Marie. Tu dois transcender ton Soi inférieur, ce qui revient à ne plus t'identifier aux particularités qui te séparent des autres. Pour cela, tu dois sortir de la matrice de ta tradition et entrer dans le Dieu de l'éternité. Tu dois découvrir ton identité originelle « Je suis ».

Le Dieu des religions est relié à ton soi limité, conditionné et séparé. Ce Dieu crée une conscience et une identité collectives qui divisent les êtres humains et sont sources de conflits et de violences dans le monde. C'est pourquoi tu dois transcender ce soi inférieur. Rappelle-toi ce que Jésus a dit à ceux qui l'écoutaient : « Car celui qui veut sauver sa vie la perdra, mais qui perd sa vie à cause de moi la gardera ». Ce qui signifie : « Si vous vous attachez à votre Soi inférieur, alors vous perdrez votre Soi supérieur ».

Marie, dans le vrai Soi, il n'y a pas de place pour les religions. Si tu as le courage de dépasser ton soi conditionné, alors tu découvriras ton Soi vierge. C'est ce que signifie « renaître ». Te souviens-tu de ce que Jésus a dit à Nicodème : « Si tu ne renais pas, tu ne peux pas entrer dans le Royaume des Cieux » ? Nicodème était dans la matrice de sa religion et Jésus lui a demandé d'en sortir. Dieu te demande de faire la même chose.

MARIE

Ô mon Seigneur, comment puis-je réaliser cela ? J'appartiens à une tradition spirituelle vieille de plus de deux mille ans. Comment puis-je transcender le Dieu de ma tradition ? Comment puis-je me montrer déloyale envers ma tradition et commettre l'apostasie ? Ne me sentirai-je pas isolée de mon peuple et seule ? Ne serai-je pas considérée comme blasphématrice et ne vais-je pas devoir affronter l'excommunication et même la mort ?

L'ANGE

Marie, il y a une erreur de compréhension dans la relation qui existe entre une tradition religieuse et les êtres humains. La religion, en tant que système de croyances, est comparable à un nid dans lequel les hommes sont conçus, protégés, nourris et où ils restent en sécurité jusqu'à ce qu'ils soient prêts à voler dans la liberté de l'espace infini. La religion ne devrait pas devenir une cage où les gens s'emprisonnent eux-mêmes au nom de la sécurité. La religion est comme une matrice. Une matrice a deux fonctions : concevoir et mettre au monde. Si la religion veut seulement concevoir sans donner la vie alors elle devient un tombeau dans lequel les gens entrent sans jamais en sortir. Marie, te souviens-tu de ce qu'a fait Jésus quand les autorités politiques et religieuses l'ont mis au tombeau ? Il n'a pu y rester. Il l'a ouvert et en est sorti. Il a transformé le tombeau en matrice. Il est né à la liberté. Il a donné à sa religion le don de la maternité.

Et il a voulu que tout le monde puisse faire la même chose. Marie, ta tradition religieuse est comme ta mère biologique. Est-ce que ta mère biologique t'a dit que tu étais déloyale envers elle quand tu es sortie de son ventre ? Est-ce qu'elle attendait de toi que tu y restes éternellement ? Est-ce qu'elle t'a traitée de blasphématrice et t'a excommuniée à ta naissance ?

MARIE

Ô mon Seigneur, ma mère a certainement été heureuse lorsque je suis née. Elle savait que j'allais venir et elle attendait avec impatience le jour de ma naissance. Celle-ci a été un grand moment de plénitude et de joie dans sa vie. Ma naissance lui a donné le don de la maternité. Ma mère m'a nourrie jusqu'à me rendre libre et indépendante.

L'ANGE

Marie, il en va de même avec ta tradition

spirituelle qui est ta mère spirituelle. Elle veut que tu naisses et grandisses vers la liberté. Ton désir d'être loyale à ta tradition est une conception erronée. Dans le domaine de la croissance spirituelle, il n'y a de place ni pour la loyauté ni pour la déloyauté. L'une et l'autre apparaissent seulement lorsque les êtres humains cessent leur voyage spirituel, construisent une maison permanente et se transforment eux-mêmes en protecteurs de cette maison. Ceux qui sont en chemin ne construisent pas de maison permanente mais se reposent temporairement sous une tente, comme Abraham. Te souviens-tu de ce que disait Jésus : « Les renards ont leurs terriers, les oiseaux ont leurs nids, le Fils de l'homme n'a pas d'endroit pour se coucher ni se reposer » ? Marie, la vérité est la vie. Et la vie est quelque chose de dynamique. C'est un mouvement. Elle n'a de cesse de déployer sa plénitude. Elle est toujours en chemin, ne se sédentarise jamais dans une maison, un terrier ou un nid.

Marie, au plus profond de ton désir d'être loyale dominent une peur immense, un sentiment d'insécurité et le désir secret de ne pas grandir. Ne pas grandir est un signe de mort qui cause infiniment de souffrance à ta mère spirituelle. L'invitation que Dieu te fait, d'entrer dans le Dieu de l'éternité, est aussi le souhait profond de ta tradition religieuse. Malheureusement les gens interprètent de façon erronée le rôle de cette tradition ce qui bloque la croissance spirituelle de l'humanité. Te souviens-tu de ce que déclarait Jésus aux chefs religieux de son temps ? Il leur disait : « Vous avez les clefs de la connaissance du Royaume de Dieu ; vous n'y entrez pas et ne permettez pas à d'autres d'y entrer ». L'exigence d'une loyauté absolue, les persécutions religieuses, les accusations de blasphème, les excommunications suivies de crimes sont nées de l'ignorance et de la corruption de la vérité. Là où il y a pouvoir et autorité, il y a corruption de la vérité. C'est la vérité conditionnée qui crée le pouvoir et l'autorité et c'est elle qui exige la soumission de la volonté et de l'intellect. Quant à la vérité inconditionnelle, elle ne cherche ni pouvoir ni autorité ; elle ne demande pas l'obéissance de la volonté et de l'intellect mais libère les êtres humains. Souviens-toi de ce que Jésus disait : « Je suis venu pour donner la vie et la vie en abondance ». Il a donné à ses disciples les clefs du Royaume de Dieu pour qu'ils puissent ouvrir les portes de la religion et aider les hommes à passer dans la liberté de l'espace infini. Malheureusement, les paroles de Jésus ont été mal interprétées. Les clefs de la libération furent transformées en clefs de pouvoir et d'autorité. Elles sont toujours utilisées aujourd'hui pour contrôler les gens et freiner leur croissance spirituelle. Marie, Dieu te demande de t'associer à Son plan divin pour faciliter la naissance d'une nouvelle conscience humaine destinée à transcender et à transformer la religion et à libérer les hommes des religions.

MARIE

Ô mon Seigneur, vos raisonnements et arguments sont très persuasifs. J'en comprends le sens et partage leur vérité. Mais ils font naître en moi une émotion si profonde que je me sens dépassée par cette demande. Pourquoi Dieu ne choisit-Il pas plutôt des autorités religieuses pour que ce message soit reçu plus facilement ?

Marie, les autorités religieuses sont certainement puissantes et très respectées mais ont une conception étriquée de ce qu'est une vierge.

Elles tiennent pour acquis que leur système de croyances est l'absolue vérité et elles veulent le défendre et le diffuser. Toute suggestion de changement de leurs croyances est considérée comme une déloyauté et une trahison.

En fait, cette vision est celle d'Hérode qui ne supportait que le statut quo : toute vérité et toute personne susceptible de menacer son pouvoir, sa position et sa permanence l'effrayaient et l'insécurisaient. Il n'hésitait même pas à recourir à la violence.

Cette attitude ne facilite ni la croissance spirituelle ni le dialogue authentique. Cela ne contribue ni à l'expression de la paix, ni à celle de l'unité du genre humain.

De plus les autorités religieuses ne désirent des enfants que pour la continuité de leur système de croyances.

Marie, choisir des enfants seulement pour sa propre continuité physique ou spirituelle revient à les tuer. Te souviens-tu de ce que le patriarche Abraham a fait ? Il a choisi Isaac pour assurer sa continuité et l'a tué spirituellement. Dieu est intervenu et lui a demandé de sacrifier son fils et de le remettre entre Ses mains pour l'éternité. Abraham a accepté l'appel de Dieu à devenir une vierge-mère.

Marie, chaque enfant est une manifestation unique de Dieu. Chaque enfant est né pour l'éternité et non pour la continuité. Choisir des enfants en vue d'une continuité physique ou spirituelle est un péché. Malheureusement, par ignorance, les gens désirent des enfants pour la survie de la religion. Cela fait infiniment mal à Dieu. Si Dieu envoie un ange aux responsables religieux les invitant à devenir des vierges, ils ne vont pas le croire. Si l'appel vient de l'extérieur, ils vont le rejeter et le dénoncer comme blasphème ou hérésie, ou même recourir à la violence.

Marie, la violence apparaît quand les êtres humains refusent une invitation à évoluer et aussi quand ils veulent absolument évoluer. La violence issue du fondamentalisme religieux est une violence née du refus d'évoluer. A l'inverse, la rébellion à l'égard de tout fondamentalisme est une violence née de la volonté d'évoluer.

Marie, je suis sûr que tu te souviens de la Vierge Marie. Elle a choisi de remettre son fils à Dieu, de ne pas le garder pour elle-même. Comme Abraham, elle a sacrifié son fils pour Dieu. Elle s'est prosternée et a adoré son fils en tant que fils de Dieu. Elle ne désirait pas le pouvoir et ne se souciait pas de sa continuité. Elle a déclaré que son fils était la manifestation unique de Dieu et qu'elle n'était là que pour l'aider à réaliser cette vocation unique.

Marie, la difficulté vient de ceux qui se servent de la religion. Les religions et les Écritures sont des indicateurs qui montrent toujours le chemin vers Dieu. Mais elles sont utilisées pour affirmer pouvoir et position de ceux qui en sont les gardiens.

Ils ne peuvent avoir le cœur d'une vierge que s'ils sont prêts à renoncer à leur pouvoir, à leur autorité et à se mettre au service des hommes comme l'a fait la Vierge Marie. Mais ils ne le font que très rarement et avec beaucoup de difficultés.

Marie, la paix, l'unité et la liberté sont aussi facilement disponibles que la lumière du soleil pendant la journée. Si l'on reste derrière la porte close de la vérité conditionnée et qu'on y cherche la lumière, comment pourra-t-on jamais la trouver ? Il suffit d'ouvrir cette porte et l'on trouvera la paix et l'unité qui sont déjà là. C'est aussi simple que cela.

Marie, Dieu veut qu'à l'instar de la Vierge Marie, tu choisisses de remettre ton enfant à Dieu pour ouvrir la porte et que tu accueilles la venue de ce fils qui apportera la paix, l'unité et la liberté dans le monde.

MARIE

Ô mon Seigneur, la Vierge Marie était spécialement bénie par Dieu alors que je ne suis qu'une femme ordinaire. Personne ne va me croire, ne m'écoutera ni ne me prendra au sérieux. Ô mon Seigneur, j'ai peur. Il y a tant de personnes qui conviendraient mieux que moi ! Je vous en prie, pouvez-vous demander à Dieu de choisir quelqu'un de plus fort que moi ?

L'ANGE

Marie, l'appel de Dieu est irrévocable. Ne crains rien. Dieu sait que tu es une simple femme. Mais dans ta faiblesse et ton impuissance Sa grâce et Sa puissance seront manifestées. Telle est l'œuvre merveilleuse de Dieu. Bien que tu sois simple, tu as le cœur d'une vierge et un cœur universel. Tu as prié en secret pour la libération de ton peuple et de l'humanité toute entière, pour l'unité des peuples et la paix dans le monde. Cette intention pure et noble a fait de toi la bien-aimée de Dieu et Il a envoyé Son ange vers toi. Marie, en vérité je te dis que celui qui a dans son cœur cette intention noble recevra la visite de l'ange de Dieu.

Marie, je sais que tu ne peux pas répondre à cet appel de Dieu par ta propre volonté ni par ta propre force. C'est pourquoi l'esprit de Dieu descendra sur toi et t'aidera à découvrir ton véritable Soi. Tu comprendras alors que la vocation de chaque être humain est de donner naissance à l'enfant de Dieu. D'être une vierge-mère de Dieu. Alors tu n'auras pas d'autre choix que de dire » oui » à l'appel de Dieu. Dieu te donnera la force de témoigner de ta vocation et de devenir un modèle pour chaque être humain.

MARIE

Ô mon Seigneur, que signifie être une vierge-mère ? Est-il possible pour chacun de devenir une vierge-mère de Dieu ?

L'ANGE

Marie, la vocation de chaque être humain, homme ou femme, est d'être une vierge-mère. Quand tu seras en mesure d'affirmer : « Ma vie n'est pas ma vie mais la vie de Dieu, mes enfants ne sont pas mes enfants mais les enfants de Dieu et mes actions ne sont pas mes actions mais les actions de Dieu », alors tu deviendras une vierge-mère et chaque moment de ta vie deviendra une naissance virginale, une célébration de Noël. Te souviens-tu de ce que Jésus a dit : « Les œuvres que je fais ne sont pas mes propres œuvres mais c'est le Père qui habite en moi qui accomplit ses œuvres » ? Il était une vierge-mère et célébrait Noël à chaque instant.

MARIE

Ô mon Seigneur, n'y a-t-il pas une contradiction dans le fait d'être une vierge-mère ? Car si l'on est une vierge, on ne peut être une mère et si l'on est une mère, on ne peut être une vierge.

L'ANGE

Marie, en mettant au monde des enfants charnels et spirituels, tu deviens une mère pour eux mais sans perdre ta virginité. Tu restes une vierge. Une vierge devient mère et reste vierge. C'est le mystère de l'enfantement virginal et de la maternité virginale pour lesquels toi et chaque être humain, avez été créés. La virginité est l'état originel de chaque personne créée à l'image et à la ressemblance de Dieu. Te souviens-tu d'Adam et d'Ève dans le Jardin d'Eden ? Ils se promenaient avec Dieu dans la brise du soir. Ils étaient nus et n'avaient pas honte. Ils ne connaissaient ni le bien ni le mal et vivaient dans un état de vide absolu. Ils permettaient à Dieu de vivre en eux et à travers eux. Ils étaient des vierges-mères. Tous ceux qui permettent à Dieu de travailler en eux peuvent être appelés ainsi. Bien sûr, Adam et Ève vivaient cela de manière inconsciente, tandis que les êtres humains sont invités à entrer dans cette vie en pleine conscience.

MARIE

Ô mon Seigneur, comme il m'est difficile de dire : « Mes actions sont les actions de Dieu et ma vie est la vie de Dieu » ! Que se passera-t-il si je commets de mauvaises actions ? Je serais dans la confusion et aurais peine à affirmer qu'elles émanent de Dieu. Qu'est-ce qui me dit que mes actions sont les actions de Dieu ? S'il vous plaît, éclairez-moi sur cette question.

L'ANGE

Marie, en vérité, toute vie est la vie de Dieu, tous les enfants sont les enfants de Dieu et toutes les actions, les actions de Dieu car il n'y a qu'un seul Dieu, une seule vie, une seule vérité et une seule voie. C'est en réalisant cette vérité à un niveau existentiel que tu seras capable de dire : « Ma vie est la vie de Dieu et mes actions sont les actions de Dieu ». Par ignorance, les hommes s'approprient ce qui appartient à Dieu et fragmentent la vie. Le péché, c'est la fragmentation de la vie et c'est dans cette fragmentation que le mal et la violence trouvent leur origine.

MARIE

Ô mon Seigneur, que signifie : « Il n'y a qu'une seule voie, une seule vérité et une seule vie » ?

L'ANGE

Marie, te souviens-tu des deux arbres que Dieu a plantés dans le jardin d'Eden, l'arbre de la vie et l'arbre de la connaissance du bien et du mal ? Ces deux arbres sont les symboles de deux visions de la vie. L'arbre a des feuilles, des branches, un tronc et des racines. Toutes ces parties sont reliées entre elles. Il n'y a qu'un seul arbre, une seule vie, une seule vérité et une seule voie. Le bien et le mal n'existent pas, seul existe le bien absolu. Quand l'harmonie règne entre la vie, la vérité et la voie alors nous parlons de l'arbre de la vie. Chaque feuille dira : » Mes actions ne sont pas mes actions mais les actions de l'arbre tout entier ». Si une feuille dit qu'elle manifeste ses propres actions, c'est un mensonge. Cela s'applique aussi aux êtres humains.

La feuille représente le corps ou l'individualité ; la branche, la conscience collective ou l'association à une tradition religieuse ; le tronc est la conscience universelle, ce qui correspond à notre image et ressemblance à Dieu ; enfin les racines représentent la conscience divine. Quand tout cela est en harmonie, l'arbre de la vie est réalisé. C'est seulement par cette prise de conscience qu'une personne peut dire : « Ma vie n'est pas ma vie mais la vie de Dieu » et « Mes actions ne sont pas mes actions mais les actions de Dieu ». Pour elle, il n'y a plus qu'une seule voie, une seule vérité et une seule vie.

Marie, quand il y a disharmonie entre ces quatre niveaux, nous avons affaire à l'arbre de la connaissance du bien et du mal. La conscience humaine s'abaisse jusqu'aux branches et aux feuilles et oublie le tronc et les racines. C'est la fragmentation de la conscience humaine. Cette fragmentation est artificielle parce que ni une branche, ni aucune feuille ne peuvent vivre sans un tronc et des racines. C'est l'état d'ignorance. Cette conscience crée un monde de bien et de mal. À ce niveau, une personne pense qu'elle est l'auteur de ses actions. Elle affirme : « Je suis l'auteur de mes actions » et se montre incapable de dire : « Ma vie est la vie de Dieu et mes actions sont les actions de Dieu ». Adam et Ève ont mangé du fruit de l'arbre de la connaissance du bien et du mal et ont perdu l'harmonie originelle. Ils ont quitté le Jardin d'Eden. Au moment de son baptême, Jésus est entré à nouveau dans le Jardin d'Eden et a rétabli l'harmonie originelle. Il a mangé le fruit de l'arbre de la vie et a déclaré : « Les œuvres que j'accomplis ne m'appartiennent pas mais le Père qui habite en moi accomplit ses œuvres ». Il a vécu selon la seule voie, la seule vérité et la seule vie. Il a décrit cette vie comme étant le Royaume de Dieu.

Jésus a invité chacun et chacune à manger le fruit de l'arbre de la vie ; à entrer à nouveau dans le Jardin d'Eden ; à pénétrer le Royaume de Dieu en prononçant le mot « repentir ». Malheureusement, et c'est compréhensible, ses fidèles ont créé une nouvelle conscience collective, une autre branche, perpétuant ainsi l'arbre de la connaissance du bien et du mal. Marie, ta compréhension est encore celle de la branche, celle de ta tradition religieuse. Dieu t'invite à manger du fruit de l'arbre de la vie, à réintégrer conscience et harmonie originelles. Cette harmonie est ta vraie vie et la vraie vie de chaque être humain. Ce que Dieu te demande n'est rien d'autre que de vivre à Son image et à Sa ressemblance. Marie, tu n'opères pas ce choix seulement pour toi-même, mais aussi pour ta religion et pour l'ensemble de l'humanité. En toi, religion et humanité redeviendront vierges. Vois la grâce merveilleuse qui t'es offerte ! Tu es vraiment bénie entre toutes. Ta réponse servira d'exemple pour chaque religion et chaque être humain.

MARIE

Ô mon Seigneur, je suis la servante de Dieu. Que Sa volonté soit faite à travers moi

Quand Marie eut dit cela, elle se sentit inondée par l'Esprit de Dieu qui lui demanda d'ouvrir la porte de son cœur. Dans la présence de Dieu, elle vit clairement, comme dans un miroir, le vrai sens de son

existence humaine qui était de permettre à Dieu de travailler en elle. Elle n'avait pas le choix. Se refuser à Dieu signifie mourir spirituellement. Alors lorsque Marie ouvrit la porte de son cœur, l'Esprit de Dieu entra en elle et la remplit d'une joie et d'une paix indescriptibles.

Elle chanta :

« Mon âme glorifie la grandeur du Seigneur,

Et mon esprit se réjouit en Dieu qui me remplit de Sa puissance.

Car Dieu s'est souvenu de son humble servante.

Il m'a visitée alors que j'étais inconnue et insignifiante.

Quel privilège Il m'a accordé

D'enfanter le Dieu de l'éternité !

D'être appelée la mère de Dieu !

De devenir la messagère de cette Bonne Nouvelle !

Un modèle pour le reste de l'humanité.

À partir de maintenant, toutes les générations
m'appelleront bienheureuse,

Car Dieu a opéré en moi des merveilles et

M'a révélé le mystère,

Le mystère ignoré des sages et des érudits,

Le mystère de la maternité virginale.

Que Son Saint Nom soit béni !

Il contient en Lui toute la création et

Vit dans le cœur de chaque créature.

Il remplit toute la création de Sa gloire et

Nourrit chaque être de Son Esprit Saint.

Il est l'Amour inconditionnel,

Rempli de compassion et de grâce,

Et Son pardon ne connaît pas de fin.

Il libère les gens de leur ignorance

Et leur donne la vie et la liberté.

Il a déployé la création

Afin de manifester Ses attributs divins infinis.

Il libère chacun de son ignorance,

Et Sa sagesse fait tomber les murs de
la division.

Son fils crée un seul Dieu, une seule création
et une seule humanité

Et apporte la paix et l'harmonie
dans le monde.

Il révèle les attributs de Dieu dans toutes
les relations.

Il transforme sa vie en vie de Dieu,

Et ses actions en actions de Dieu.

Mon âme magnifie la grandeur du Seigneur

Et mon esprit se réjouit en Dieu
qui me remplit de Sa puissance »

Et l'ange la quitta.

Le sacrifice d'Abraham

Quand Isaac eut atteint l'âge de douze ans,
Dieu apparut à Abraham et s'adressa à lui :
« Abraham, Abraham ! »

Abraham répondit :
« Me voici Seigneur ».

Dieu dit :
« Puisque Isaac est devenu un adulte,
Offre-le-Moi en sacrifice ».

Abraham répondit :
« Mon Seigneur, si telle est Ta volonté,
je suis prêt et désireux de le faire.
Mais pardonne-moi de te poser une question.
Tu m'as promis que ma descendance
serait aussi nombreuse que les étoiles dans
le firmament et les grains de sable
dans la mer.

Tu ne m'as donné par ma femme Sarah
qu'un seul fils, Isaac, déclarant qu'il serait

mon héritier et qu'à travers lui ma descendance
se perpétuerait sous ta bénédiction.
Mais si je sacrifie Isaac, mon fils unique,
comment pourras-Tu tenir Ton
engagement ? Est-ce que ce ne serait
pas revenir sur Ta promesse ? »

Dieu dit à Abraham :
« Abraham, Je ne t'ai pas demandé
de sacrifier Isaac physiquement.
Je t'ai demandé de faire le sacrifice de
ton Isaac intérieur, qui est ton désir
de te perpétuer, car en éprouvant ce désir,
tu as tué Isaac psychologiquement
et spirituellement. Isaac ne vit pas pour
lui-même, il est né seulement pour
assurer ta descendance. Il est né seulement
pour satisfaire tes ambitions et
tes désirs matériels et psychologiques.

Tu es devenu un fardeau pour lui.

Oui, c'est vrai, Je t'ai promis que tes
descendants seraient aussi nombreux que
les étoiles du firmament et les grains de

sable de la mer. Mais Je n'ai pas dit
qu'ils seraient des répliques de toi-même,
des clones. Je choisis chaque homme
pour l'éternité, et non pour la continuité.
Chacun est Mon déploiement
unique né pour manifester l'éternité,
et non la continuité.
Chacun vient sur cette Terre pour réaliser
la vie, et non pour un quelconque devenir.
Considérer les enfants uniquement
pour ce qu'ils représentent de
continuité physiologique ou psychologique
revient à les tuer intérieurement.
Oui, ta progéniture sera aussi nombreuse
que les étoiles du ciel et le sable de
la mer, mais chaque étoile et chaque
grain de sable seront uniques

C'est pourquoi il te faut sacrifier ton Isaac
intérieur, celui qui est ton désir de survivre.
Si tu fais cela, tu vivras pour l'éternité,
tu choisiras Isaac pour l'éternité, et toutes
les générations à venir seront sanctifiées
à travers toi.
Les ayant choisies pour l'éternité et leur

ayant donné la vraie vie, tu seras considéré
comme leur père, Abraham ».

Alors Abraham se leva à l'aube,
emmena Isaac et se dirigea vers la montagne
du Seigneur. Une fois au sommet, il fit
asseoir son fils sur un petit promontoire
et se mit à lui laver les pieds.

Isaac, surpris, lui demanda :
« Père, que fais-tu ? Il n'est pas coutume
chez nous qu'un père lave les pieds de son fils.
C'est moi qui dois te laver les pieds,
et non l'inverse. Je ne peux permettre cela ».

Abraham répondit :
« Mon fils, telle est la volonté de Dieu
et je dois l'accomplir. Ce lavement des pieds
symbolise le sacrifice que j'offre à Dieu ».

Alors Isaac laissa faire son père.
Abraham versa de l'eau sur ses pieds
en disant « Mon fils, en tant que
manifestation unique de Dieu, il te faut
vivre cette singularité selon Sa volonté.

Tu es né pour Dieu, pour l'éternité, et non pour la continuité du passé. Ta vocation est de manifester la vie sans imiter personne. Je sacrifie toutes les ambitions que j'ai pu avoir pour toi pour que tu vives ta propre vie. Mon devoir, en tant que père biologique, est de t'aider à découvrir ta singularité, ta réponse unique à l'appel de Dieu. Je promets ici de faire pour toi ce que Dieu attend de moi ».

Credo

JE CROIS

Qu'il n'y a qu'un seul Dieu,
Qu'une seule Réalité infinie !
Que Sa nature est Amour,
Plénitude et Déploiement !

JE CROIS

Que la création entière est une
manifestation de Dieu
Qu'elle est à l'image et à la
ressemblance de Dieu
Qu'elle est une avec Dieu de façon ultime !

JE CROIS

Que la vocation
De la création est d'être féconde,
De croître et de se multiplier
Et, pour les êtres humains,
Cela appelle à manifester les attributs
divins de l'amour et de
la compassion dans leurs relations !

JE CROIS

Que les êtres humains disposent du don de
la conscience de soi, leur donnant
le choix d'ignorer leur vraie vocation et à la fois
le don de s'en souvenir !

JE CROIS

Que lorsque les êtres humains ignorent
leur véritable vocation,
ils vivent dans un monde d'asservissement
générateur de mal,
de dysharmonie, de division, de violence
en eux et dans le monde !

JE CROIS

Que quand les êtres humains se souviennent de
leur vraie nature,
Ils vivent en liberté générant bonheur,
harmonie, unité et paix
en eux-mêmes et dans le monde !

JE CROIS

Que les êtres humains évoluent
dans leur relation avec Dieu,
dans leur relation avec leur prochain ainsi
qu’avec la création, jusqu’à la
réalisation de leur unité avec le Tout !

JE CROIS

Que tous les désirs humains
sont finalement le reflet de leur soif de Dieu,
mais l’ignorance les précipite
dans une voie erronée. Le désir n’est pas
à proscrire, mais il devrait
être sublimé en soif de Dieu !

JE CROIS

Que dans la tradition biblique
Jésus Christ a réalisé cette vérité et qu'il invite
chacun à faire de même !

JE CROIS

Que Jésus Christ a refusé
de renier sa réalisation spirituelle personnelle
et qu'il a accepté une mort humiliante
sur la Croix pour permettre à chacun de
réaliser sa propre évolution
spirituelle, recherchant l'unité et la libération
de toute l'humanité !

JE CROIS

Que la Vérité ne peut être
enterrée dans les tombes
d'étroites constructions mentales
car elle se dressera
et sera toujours victorieuse !

JE CROIS

Que la Vie et la Mort font partie
du monde manifesté
Mais que notre nature ultime est la VIE
qui ne connait pas de mort !

Ainsi soit-il.

Biographie de l'auteur :

John Martin Sahajananda est moine bénédictin camaldule et directeur spirituel de l'ashram de Shantivanam en Inde. En tant que tel, il est le successeur spirituel des Pères Jules Monchanin, Henri Le Saux et Bede Griffiths.

Il a fait ses études de théologie au séminaire St. Pierre à Bangalore, il est diplômé en spiritualité de l'Université Grégorienne de Rome.

John a déjà publié : *What is Truth ?* avec Luc Editions, une collection passionnante de causeries (en langue anglaise).

En français, il a publié : *L'être humain est plus grand que la religion* (Edtns. Saccidananda ashram, Inde) ; *Vous êtes la lumière* (Edtns. Les Deux Océans, 2010) ; *Au-delà des religions* (Edts. Les Deux Océans, 2011) ; *Un nouveau chant de la création* (Edtns. Les Deux Océans, 2013).

Pour connaître les retraites données par John Martin Sahajananda, en Europe, voir le site : www.Christ3000.org

D'autres publications de Luc Editions

www.LucEditions.com

En langue française, d'Eric Callcut :

BANLIEUE BIBLE - *le Sermon sur la Montagne*

BANLIEUE BIBLE - *Noël dans le Nord-Pas de Calais*

et à paraître prochainement, d'Eric Callcut :

FOI DE QUAKER À L'HUILE D'OLIVE
Divagations théologiques d'un chrétien primitif

En langue anglaise,
de John Martin Sahajananda :

WHAT IS TRUTH?

THE NEW ANNUNCIATION
Universal call to be virgin mothers

En langue anglaise, d'Eric Callcut :

JUDE - *Transit Hall 37 North 6*

JUDE - *The Surface*

JUDE - *Adsbàn*

Dépôt légal : mai 2014

www.ingramcontent.com/pod-product-compliance
Ingram Content Group UK Ltd.
Pitfield, Milton Keynes, MK11 3LW, UK
UKHW021932190726
13853UKWH00004B/1403

9 791091 859066